PETIT CATÉCHISME

SUR

LA NÉCESSITÉ & LA POSSIBILITÉ

D'UNE

RÉFORME RADICALE

DES INSTITUTIONS POUR LES ALIÉNÉS

(PAR L'AUTEUR DE LA QUESTION DE GHEEL)

———

PARIS

IMPRIMERIE DE CHARLES SCHILLER

Rue du Faubourg-Montmartre, 10.

—

1864

LE LECTEUR

EST PRIÉ D'AVOIR ÉGARD AU § XXV DE CET OUVRAGE, DANS LE
CAS OÙ IL SERAIT DISPOSÉ A EN FAIRE LA CRITIQUE.

Londres, mars **1864.**

L'AUTEUR.

§ I.

La réforme du traitement des aliénés est-elle actuellement nécessaire ?

Elle est absolument nécessaire et urgente.

1° Parce que l'organisation de la plupart des institutions d'aliénés actuellement existantes est aussi imparfaite que leur administration est mauvaise ;

2° Parce que le nombre de ces établissements est décidément insuffisant en raison de l'accroissement du nombre des aliénés ;

3° Parce que la construction de nouveaux établissements d'aliénés impose aux Etats ou aux communes des charges toujours croissantes, que ces bâtiments suffisent à peine à une dizaine d'années, et qu'au bout de ce terme il faut recommencer les dépenses ;

4° Parce que, avec le système actuellement en vigueur, les malades qui peuvent être guéris ne le sont pas en nombre suffisant, et que le sort qu'on prépare aux malades incurables n'est pas aussi doux qu'il devrait l'être en réalité, en s'attachant aux principes imposés par l'humanité ;

5° Parce que la séquestration des aliénés faite sans distinction que l'on persiste à maintenir, tant au nom de la loi que de la science, constitue une des plus graves atteintes à la liberté individuelle : c'est là une situation qu'il faut faire cesser ; parce que :

6° Cette séquestration des aliénés est un acte qui, pour plus de trois quarts des malades, n'est ni nécessaire au point de vue de la médecine légale, ni avantageux au point de vue de la thérapeutique ;

7° Parce que, avec l'abolition de la loi barbare et de la routine inhumaine d'une séquestration indistinctement appliquée, tous les moyens violents qui fleurissent encore dans ces établissements devraient être abandonnés *ipso facto*. En effet, dans le Royaume-Uni d'Angleterre, d'Ecosse et d'Irlande, le système de non-contrainte est devenu depuis plus de vingt ans une loi médicale aussi bien qu'une loi d'Etat, pour une population de cinquante mille aliénés ;

8° Parce que c'est un principe, irréfutable d'économie politique que les institutions humanitaires de toute espèce doivent pouvoir se maintenir *autant que possible* par leurs propres moyens et fonds de travail ; et que partout où cela ne serait pas praticable, les charges ou dépenses imposées à l'Etat ou à la commune doivent *autant que possible* rentrer dans la caisse des communes imposées, au lieu de ne servir qu'à enrichir quelques individus, tels que : traiteurs, architectes, entrepreneurs de bâtiments, bouchers, boulangers, brasseurs et autres fournisseurs;

9° Parce que cette réforme mettrait fin à la spéculation pratiquée sur l'infortune, c'est-à-dire aux établissements particuliers n'ayant pas pour directeurs des médecins aliénistes, mesure déjà introduite en Hollande;

10° Parce que la réforme amènerait la nécessité de créer une nouvelle loi sur les aliénés, les lois actuelles étant, dans tous les pays, insuffisantes et imparfaites;

11° Parce que le remaniement des lois anciennes aurait nécessairement pour suite de rendre obligatoire l'instruc-

tion clinique dans la thérapeutique des aliénés, ensei-
gnée dans les Universités, ainsi que l'examen régulier
dans cette science. En même temps, on établirait par des
règles fixes la position sociale et scientifique des médecins aliénistes, et on augmenterait considérablement leur
nombre à mesure que le besoin s'en ferait sentir ;

12° Parce que le contrôle et la surveillance des établissements d'aliénés, très défectueux aujourd'hui, ont besoin
d'une réforme radicale.

Quant à quelques-uns de ces points, nous nous borne-
rons à reproduire ce que nous avons dit, il y a trois ans,
dans une revue spéciale paraissant en Angleterre :

« C'est avec peine que nous nous voyons forcé d'avouer
franchement aujourd'hui, arrivés que nous sommes vers
la fin du dix-neuvième siècle, qu'en règle générale les établissements d'aliénés en Europe et leur organisation se
trouvent toujours encore dans un état très-peu satisfai-
sant et que ceux qui remplissent leur *but* ne constituent
qu'une exception bien rare. »

En effet,

1. La séquestration systématique, absolue et sans distinction de tous les aliénés, maintenue encore de notre
temps, n'est-elle pas une routine barbare, avec laquelle
il faut briser net, et ce d'autant plus que la science et la
pratique ont déjà démontré que l'abandon de ce système
est tout aussi possible que nécessaire ?

Le *Bethléem* de la Belgique, la petite ville de la Campine
— Gheel — ne fera-t-elle pas bientôt sortir de son sein
le système qui deviendra le sauveur des aliénés ?

Ou bien, tiendra-t-on toujours tyranniquement et inu-
tilement au cachot plus de la moitié des 500,000 aliénés
de l'Europe ?

2. Ne faut-il pas que le système de non-contrainte, le
seul qui se soit irréfutablement montré pratique au dou-
ble point de vue de la thérapeutique et de l'administra-

tion, reçoive une application générale, quant aux aliénés dont l'état exige une séquestration continue ?

La preuve pratique qui nous est fournie à cet égard par l'Angleterre, et que le grand John Conolly a si brillamment soutenue et démontrée en pratique, la verrons-nous passer devant nos yeux avec indifférence ?

En voyant devant nous l'image désolante de milliers de nos semblables confiés à nos soins, emprisonnés, dans des camisoles de force, dans des chaînes de contrainte, enfermés dans des cellules sans lumière et attachés à des lits de torture à l'aide d'appareils de toute sorte, ne serons-nous pas mus par un sentiment humain à rejeter franchement le système de contrainte ?

Et voyons d'abord quels sont les motifs qui empêchent la plupart de nos adversaires de reconnaître l'urgence de ces réformes et de leur application immédiate ?

Disons-le sans détour : ce sont la force de l'habitude, l'indolence, la commodité, le manque de connaissance de ces nouveaux systèmes, la répugnance que l'on a de les examiner et étudier, peut-être souvent aussi le manque d'occasion de faire ces études.

Ne faut-il pas accuser encore les représentants de la routine barbare actuellement en vigueur de pusillanimité, de cupidité et de mauvais vouloir ?

Quant aux gouvernements, leur indolence et leur manque de connaissances intimes en cette matière les empêchent de mettre fin à la pratique actuellement suivie ; et quant au public, en général, l'indifférence, l'égoïsme, la connaissance fausse ou l'ignorance complète de l'état des choses le rendent apathique à cette question.

Il ne reste donc, à l'appui de tant d'infortunes, qu'un très-petit nombre d'individus qui veulent bien sacrifier à ces principes leur temps, leur argent et leur position, et qui doivent s'estimer heureux si l'on veut bien ne pas les déclarer insensés eux-mêmes, et, en conséquence, les séquestrer, les encager et leur mettre la camisole de force.

3° Qui donc oserait nous accuser de manquer à la vérité, ou même d'exagérer les faits, si, en nous appuyant sur l'expérience faite par nous-mêmes, nous affirmons hautement :

(*a*) Que du nombre approximatif de mille maisons d'aliénés que l'on trouve en Europe, c'est à peine si l'on peut considérer la moitié comme administrée convenablement, et cela encore en ne faisant guère opposition à l'ancien système qui y règne.

(*b*) N'est-ce pas un fait incontestable, qu'en Europe, la plus grande partie de la population atteinte de maladie mentale n'est pas casée dans des établissements spécialement construits et disposés à cette fin, et qu'elle se trouve, au contraire, reléguée dans des annexes très-mal disposées et organisées, d'hôpitaux, d'ouvroirs, souvent même de maisons de discipline et de correction ?

(*c*) Que sont, si nous voulons en convenir franchement, les soi-disant maisons-modèles de notre temps, sinon des casernes ou des prisons gigantesques ressemblant à des citadelles, que le public admire, hélas ! en les prenant pour le *nec plus ultra* de la perfection dans le genre ?

(*d*) Qui donc pourra nier que l'Europe ne possède qu'un nombre de maisons d'aliénés décidément insuffisant aux besoins actuels ? Si l'on veut se reporter au point (*b*) ci-dessus, les constructions nouvelles et les agrandissements exécutés sans cesse dans toutes ces maisons en offrent la meilleure preuve.

(*e*) Les établissements particuliers ne sont-ils pas, pour la plupart, entrepris par des gens étrangers à la profession, *turpislucri causâ*, ayant à leur solde, pour la forme seulement, quelque médecin obligeant, de sorte que ces maisons ne sont, en vérité, que des pensions le plus souvent mauvaises et chères, des hôtels garnis ou des boarding-houses anglais ?

(*f*) De l'avis général, que le nombre des médecins aliénistes, surtout dans les grands établissements, est trop restreint ; mais que dira-t-on si nous affirmons que, d'après nos calculs, on ne peut effectivement compter en Europe qu'un médecin sur 300 aliénés ?

(*g*) Le traitement mesquin payé aux médecins pour les aliénés en Europe, à l'exception peut-être de l'Angleterre ; l'oubli, de la part de l'Etat, des services rendus par eux dans leur vocation pleine de sacrifices ; le peu de cas qu'en font les collègues pratiquant dans les autres branches de la profession médicale, sont des faits constants que l'on ne saurait nier, et auxquels il n'y a que de rares exceptions.

(*h*) Il est encore vrai que le nombre des gardiens est, en général, trop restreint, et que leur aptitude et leur instruction laissent beaucoup à désirer. Leur salaire est misérable et l'avenir ne leur offre aucune perspective rassurante. Quant aux écoles d'apprentissage, indispensables à ces importants auxiliaires, il n'en est pas encore question nulle part.

(*i*) Et quant à l'organisation administrative des maisons pour les aliénés que l'on a tant louée, nous dirons tout crûment, qu'il y a peu d'établissements de ce genre en Europe qui méritent à cet égard des éloges sans partage.

En effet, n'y a-t-il pas un grand nombre d'établissements dont les bâtiments sont mal situés et improprement exécutés ; les jardins et les cours petites et de surface unie (quelquefois il n'y en a pas du tout) ; les escaliers et les couloirs sombres et incommodes, quelquefois sans éclairage ; les chambres n'étant le plus souvent que des cellules ? Il arrive parfois que l'on transforme les couloirs et les salons en chambres à coucher ; les ornements décoratifs manquent presque toujours ; le comfort est nul dans la plupart des maisons, même dans celles tenues par des particuliers ; il y a beaucoup de faux brillant et de vaine apparence, mais rien de réel ; on peut en dire autant des amusements et des plaisirs, très-rares d'ailleurs, et presque toujours illusoires.

Le bal ou le concert annuels, auxquels sont invités les ministres et des membres du Parlement, et dont un compte rendu pompeux, figure aussitôt dans les journaux spéciaux et autres, n'est qu'une vaine ostentation. Nous en excepterons les institutions où de pareils passe-temps sont réellement organisés pour le plaisir des malades; mais le nombre de ces maisons est très-petit; il faut d'ailleurs se fier à ses yeux plutôt qu'aux descriptions.

Les salles de billard et de musique sont plus généralement désertes; le mobilier et les instruments hors de service; il n'y a que de vieux livres et revues, les divers jeux sont détériorés. La bibliothèque, si toutefois il y en a, reste fermée et ne sert à personne.

Quant à la nourriture, elle est souvent si peu satisfaisante pour la quantité comme pour la qualité, que cela doit étonner, si l'on considère le prix de la pension que l'on paie; mais plus souvent encore elle est insuffisante, et le menu diététiquement mal choisi.

A cet égard, la règle suivie, c'est l'uniformité. On donne souvent trop peu de nourriture à midi, et trop le soir.

Les plats extra ne font que de rares exceptions. Le pain est généralement trop lourd; le plus souvent on ne donne ni vin ni bière; enfin, la qualité de ces boissons est trop inférieure.

Les plus grands inconvénients sont d'ailleurs : le manque de lumière et d'air, l'insuffisance de ventilation, des canaux d'écoulement mal placés, des lieux d'aisance excessivement mal tenus, des dortoirs sans feu ou au moins très-mal chauffés, ce que l'on rencontre presque partout, même pendant les hivers les plus rigoureux. Les rideaux manquent aux fenêtres, ce qui empêche l'assombrissement des chambres et des couloirs et l'exclusion des rayons du soleil; des lits trop courts et insuffisamment garnis de couvertures; le service de nuit des malades est très-négligé, quelquefois il fait totalement défaut. Il n'est pas rare que le service de garde nocturne, dans l'intérieur du bâtiment et au dehors, n'existe pas du tout.

La thérapie pour diversion, qui consiste à donner aux malades une occupation et des distractions convenables, est très-mal pratiquée; aussi dans la plupart des établissements, ce moyen est tout à fait négligé.

Il faut, à cet égard, réfléchir que, sur cent malades capables de se livrer à une occupation, il n'y en a qu'*un seul* que l'on occupe réellement à quelque chose.

Les bains, y compris même les simples bains de propreté, manquent dans beaucoup d'établissements européens, ou, s'ils existent, ils sont souvent mal construits pour remplir leur but ; dans beaucoup de maisons on néglige de s'en servir. Il en est de même des bains de douches.

Les bains de vapeur comptent parmi les plus rares.

L'heure du coucher est avancée d'une manière presque barbare; dans beaucoup d'établissements on envoie coucher les malades entre quatre et cinq heures en été. L'éclairage de sûreté manque souvent dans les dortoirs.

Une certaine propreté et un soi-disant ordre règnent presque partout, mais tout cela ne constitue pas un mérite.

Le personnel de surveillance (les gardiens) est souvent insuffisant, et généralement plein d'indifférence pour sa mission.

Nous avons déjà dit plus haut que le nombre de médecins et de gardiens employés ne suffit pas au service.

Il faut considérer comme une chose rare les visites faites au dehors par les malades, ou celles reçues à l'intérieur de l'établissement.

L'instruction des aliénés, à laquelle nous n'attachons d'ailleurs pas une grande importance, puisque nous ne la considérons que comme un moyen de diversion, existe dans très-peu de maisons, et là même où elle existe elle est très-imparfaite.

Les règlements et les statuts des maisons, très-défectueux, ne sont souvent qu'une lettre-morte.

Les études et moyens de médecine et d'anatomie pathologiques sont toujours très-négligés.

Le contrôle exercé sur les maisons des aliénés est, jusqu'ici, d'une pitoyable insuffisance.

Après tout cela, faut-il faire le tableau détaillé et épouvantable de ces malades entassés dans les salles et cours, et l'état d'exaltation ou de dépression que cet entassement produit chez eux dans la journée comme dans les heures de la nuit? Ou bien, parlerons-nous de tous ces mille aliénés de l'Europe, malheureuses victimes du système de *contrainte*, qui passent leur vie dans la cellule ou sur la chaise de contrainte, vêtus de la camisole de force ou liés et garrottés au moyen d'autres appareils, traînent leurs jours malheureux jusqu'à ce que la mort vienne les délivrer de leurs peines?

Nous voudrions bien encore arracher le masque hypocrite de zèle factice ou de compassion feinte, derrière lesquels s'abritent la complaisance intéressée de tel chef d'établissement particulier et l'indifférence impie de tel membre de famille... Mais à quoi cela pourrait-il servir? puisque :

4 Il est de notoriété publique, qu'en Europe, les lois sur les aliénés (excepté aux Pays-Bas) sont en général défectueuses et insuffisantes; qu'il y a des pays où des lois sur la matière n'existent même pas, et que ce n'est que tout récemment que l'on a commencé à s'en occuper. Aussi n'est-il pas étonnant,

5. Que jusqu'à présent on n'ait presque rien fait en Europe pour l'instruction clinique dans la science des maladies mentales, et que la plupart des Universités soient en quelque sortes fières de ne pas posséder des chaires de psychiatrie.

Ces deux derniers points ne sont-ce pas de tristes vérités que l'on déplore de toutes parts, et auxquelles cependant on ne porte en partie remède que dans quelques endroits isolés?

Ce qui constitue encore un signe caractéristique de notre époque, c'est l'indifférence glaciale témoignée pour le sort des aliénés : c'est là qu'il faut chercher pourquoi la partie même du public éclairé ignore non-seulement l'état actuel de ces malheureux, mais qu'il reste aussi complétement indifférent à cette question.

Il est vrai que dans les assemblées des médecins et des sociétés médico-psychologiques, on ne discute pas dans le sens de notre critique, et que les comptes-rendus officiels des maisons d'aliénés ne sont pas rédigés à ce point de vue : nos observations n'en sont pas moins des faits prouvés, et il ne faut pas nous provoquer à en fournir les preuves. — Tout cela parle assez hautement en faveur de la nécessité d'une prompte réforme.

§ II.

En quoi consiste, proprement parlant, le projet de réforme?

1º A élever à l'état de loi la soi-disante colonisation ou le système de famille ; et, partant,

2º A faire une nouvelle loi sur les aliénés, qui abolirait, en principe, la séquestration sans distinction pour les aliénés, laquelle ne serait maintenue que :

(*a*) A l'égard des aliénés dangereux pour eux-mêmes et pour la société ;

(*b*) Chez qui cette séquestration serait justifiée dans un but médico-thérapeutique.

3º Ladite loi devant défendre tous moyens de contrainte, dont l'application ne serait permise que lorsqu'elle serait exigée par un motif plausible médico-thérapeutique.

4° La **réforme** consiste, de plus, dans l'abolition de tous les établissements d'aliénés tenus par des particuliers, si les chefs ne sont pas des aliénistes et des médecins diplômés, *y compris le traitement d'un seul aliéné dans les familles*, pour lequel la surveillance et le contrôle d'un médecin aliéniste devront également former une des conditions de la concession à octroyer.

5° Dans l'introduction de l'enseignement obligatoire sur ces maladies mentales, et l'examen légalement réglé dans cette science.

6° Dans la réforme complète de l'administration et du controle actuellement en vigueur, selon les nouveaux principes du système de colonisation ou de famille.

§ III.

Le système de colonisation ou de famille existe-t-il déjà quelque part?

Oui, il existe à Gheel, dans la Campine belge. Gheel est situé à deux heures de distance d'Anvers, à trois heures de Bruxelles.

Les aliénés y sont traités d'après ce système depuis cinq cents ans.

§ IV.

Où existe-t-il encore?

Excepté à Gheel, ce système n'existe nulle part ailleurs dans cette forme.

Il y a en France, à trois heures de distance de Paris, une colonie d'aliénés, connue sous le nom de Fitz-James, à Clermont (Oise); elle existe depuis quinze ans, mais dans cette colonie, le principe essentiel de la réforme, *le traitement de famille*, n'est pas adopté.

§ V.

Ce système n'existe-t-il nulle part ailleurs dans une forme semblable?

On a fait des essais insignifiants dans le même genre :

(*a*) En Ecosse, mais avec un très-mauvais succès, parce que le système était mal compris, et négligemment exécuté.

(*b*) En Angleterre, par M. le docteur Bucknill, pendant les huit dernières années, dans le comté de Devonshire, à une lieue de distance d'Exeter, à Exminster, avec un succès éclatant, mais sur une petite échelle seulement.

(*c*) Dans le Hanovre, à Neusandhorst, près Aurich (Ost-Frisland), où il y a des familles de paysans qui pratiquent un traitement de famille semblable à celui proposé par la réforme.

(*d*) Çà et là dans divers pays, mais dans des circonstances isolées, réduites et tellement imparfaites, que l'on peut à peine déclarer ces essais comme ressemblant au système de réforme que nous proposons. Tel était, par exemple, en Angleterre, à Haywards-Heath, comté de Sussex, l'essai du docteur Robertson, qui a pratiqué le traitement en famille en dehors de la maison des aliénés, sur huit malades, dans deux maisons particulières, faisant partie de l'asile du comté.

§ VI.

Que faut-il entendre par la colonisation des aliénés ou le système de famille?

Par la colonisation des aliénés, terme peu exact, mais

qui a été adopté par ceux qui s'occupent spécialement de la matière, on entend un système qui exclue en principe la réunion des aliénés dans des établissements et ne l'admet que *comme exception*, en y substituant les soins donnés en famille sous la surveillance et le traitement d'un médecin aliéniste.

C'est donc avec raison que le docteur Bulckens, médecin en chef à Gheel, ne désigne plus ce système par le terme de colonisation, mais par celui de *système de famille* ou *le patronage familial pour les aliénés.*

La colonisation nécessite, d'après le sens que lui donnent ses vrais défenseurs, ce qui suit :

1° Que l'on ait fait achat d'un ensemble de terrains un peu étendu, possédant au point de vue topographique, tellurique et social, partant, en tout ce qui regarde la situation, le climat, l'air, la lumière, l'eau, le sol et les habitants, les qualités nécessaires exigées par la science pour les bons établissements d'aliénés ;

2° Que l'on ait construit au centre même de ces terrains, un hôpital (ou asile central) lequel, étant pourvu de tout le matériel et agencement nécessaires à une maison d'aliénés bien organisée, serait partagé en deux divisions, dont une serait destinée aux cas récents, aigus (l'autre aux cas chronique). Cette seconde division recevrait les malades qui, suivant ce que demande la science, ou à cause de leur état dangereux au public, ou enfin, pour leur sûreté et conservation personnelle, auraient besoin d'être tenus à l'état de séquestration absolue. La même mesure serait applicable en sous-ordre à la première division, outre les cas où il s'agirait d'un but thérapeutique, ou de l'observation et de l'examen diagnostique d'un malade.

Qu'on se figure encore :

3° Des maisons situées sur ce terrain, dans des fermes isolées et dans des villages ou hameaux, disposées selon les exigences connues, correspondant au but en question, lesquelles devraient être construites exprès, si elles n'existaient pas dans les conditions voulues.

4° Tous les malades qui n'ont pas besoin d'être sequestrés, sans distinction des cas aigus ou chroniques, seraient soignés, nourris et traités dans ces maisons, soit par les familles des habitants, si elles y sont aptes ou propres à le devenir, soit, dans le cas contraire, par des *familles de gardiens d'aliénés* qui seraient transférées sur les lieux.

5° Chacune de ces maisons, c'est-à-dire, leurs habitants, recevraient une parcelle arable, un pré, du bétail, etc., qu'ils auraient à soigner et à cultiver pour les besoins de leur ménage, et pour lesquels ils paieraient un fermage à l'administration des domaines.

Le propriétaire de la maison recevrait pour chaque part une indemnité en argent suivant la classification des malades qui lui seraient confiés.

6° Dans aucune maison, il ne devrait y avoir plus de quatre malades.

La séparation des deux sexes est souvent, mais pas absolument nécessaire. Gheel en fournit la preuve.

7° Comme tout le matériel nécessaire à l'établissement ou à la colonie pourrait être fabriqué dans la colonie même, on devrait naturellement, dans le placement des aliénés dans les diverses maisons, avoir égard à leur aptitude, au travail et à la profession par eux exercée précédemment.

Ils seraient donc confiés à des personnes exerçant leur profession, tels que cordonniers, tailleurs, charpentiers, boulangers, brasseurs, etc.

8° L'Etat ou la commune serait l'acquéreur ou propriétaire du domaine, mais le maître ou chef temporaire serait le médecin en chef ; c'est lui qui doit être l'administrateur, le bailleur ou directeur du domaine. Tous les employés de l'administration et de l'exploitation lui sont subordonnés; tous les nourriciers ou fermiers ne dépendent que de lui.

9° Le médecin en chef n'est responsable qu'envers une seule autorité : le ministère ou la commune qui aura fondé la colonie.

10° Le nombre des aides-médecins dépend de l'étendue du domaine et du nombre des malades. Le nombre des médecins devrait, en tout cas, être augmenté considérablement ; dans les établissements actuels leur effectif est évidemment insuffisant.

11° Les devoirs de l'administration, ceux du personnel médical et des nourriciers, etc., seraient déterminés par des règles particulières.

12° Il s'entend de soi-même qu'il faudra varier le système général suivant le pays, la population et autres circonstances ou dispositions spéciales.

§ VII.

Comment peut-on prouver que ce projet théorique est réalisable, et que non-seulement il n'est pas plus coûteux, mais qu'il donne même des avantages considérables ?

Cela se prouve par les deux grands exemples qui existent actuellement, savoir :

Gheel et Fitz-James.

§ VIII.

Peut-on dire que ces deux exemples soient des modèles de la réforme, et qu'il faille les suivre littéralement ?

Les exemples ne sont pas, généralement, des modèles ; ce sont plutôt des projets pratiques qui nous enseignent à imiter le bien et à éviter le mal : il en est de même de ces deux exemples.

On agirait d'autant plus mal en voulant modeler la réforme sur ces deux exemples, qu'il y a une foule de motifs de nature locale, sociale et individuelle qui s'y opposeraient.

§ IX.

Quels avantages offre l'asile familial de Gheel, en comparaison des maisons d'aliénés fermés ?

Gheel existe avec un succès brillant, attendu que :

1° Dans un circuit de neuf lieues allemandes, une ville de 4,000 habitants, ayant 618 maisons et 14 villages dans son district, avec une population de 12,000 âmes, Gheel compte de 800 à 1,000 aliénés, sans surveillance apparente, au sein des familles des habitants ;

2° Ces malades ne coûtent pas un centime à l'Etat, attendu qu'ils sont envoyés à Gheel par les diverses communes du royaume, et soignés à moitié du prix que coûterait leur entretien dans les autres établissements ;

3° Bien qu'en principe, on n'envoie à Gheel que les incurables, il résulte des tableaux officiels que sur cent de ces soi-disant incurables, dix-huit sont guéris.

On peut voir par ce fait que les soins donnés en famille, ainsi que la liberté, exercent une influence très-salutaire sur la guérison des aliénés, et que ce système est en même temps le moins coûteux et le plus avantageux pour les familles et les communes.

§ X.

Avec quel succès existe la colonie de Fitz-James?

Les frères Labitte, qui ont fondé Fitz-James, il y a quinze ans, sont devenus riches par cette fondation, sans avoir à se reprocher le moindre abus.

Les résultats de guérison sont aussi de beaucoup meilleurs à Fitz-James que dans les établissements fermés.

Les malades incurables y passent leur vie avec beaucoup plus de bonheur, de comfort et de santé que dans les institutions d'aliénés ordinaires.

§ XI.

A-t-on tâché d'imiter Gheel et Fitz-James, et avec quel succès ?

Nulle part, excepté aux endroits désignés au § V, et même là avec un succès médiocre.

§ XII.

D'où cela vient-il ?

Cela vient de ce que cette réforme *parait être*, dans la science et dans l'humanité, un changement tout aussi grand que le fut autrefois dans la locomotion la vapeur, et que l'est aujourd'hui la navigation aérienne.

§ XIII.

Cette idée est-elle donc impraticable, ou est-elle purement une utopie?

Ni l'un ni l'autre. Elle renferme un principe très-pratique, commandé autant par la science que par la raison, l'expérience, et par le besoin même, et qui sera, dans l'avenir, réalisé par la nécessité.

§ XIV.

Peut-on appliquer ce principe aux riches aussi bien qu'aux pauvres ?

Il est applicable aux uns aussi bien qu'aux autres. Le riche peut facilement trouver pour les siens des soins en famille *en dehors de son intérieur*. Quant au pauvre, c'est à l'Etat ou à la commune à lui fournir un asile au moyen

de ce système de colonisation, en lui donnant force de
loi.

§ XV.

*Ce système est-il applicable à tous les pays et à toutes
les provinces ?*

A tous les pays, oui, mais non à toutes les provinces,
comme le prouvent les considérations développées au
§ VI.

§ XVI.

*Appliquera-t-on ce système à tous les aliénés sans
distinction ?*

Non, puisque dans le même § VI on trouve le projet
d'un asile central pour les aliénés à qui la colonisation
n'est pas applicable.

§ XVII.

*Faut-il étendre ce système aux crétins et aux enfants
aliénés?*

A ces deux classes d'individus, décidément non. Ces
derniers demandent des institutions à part. De même, les
crétins doivent être soignés et le crétinisme doit-être dé-
truit d'une manière toute différente de celle prescrite par
cette réforme.

§ XVIII.

*Quels sont les adversaires de la réforme, et quels motifs
d'opposition mettent-ils principalement en avant?*

Les adversaires de cette réforme sont :
1° Tous ceux qui ne connaissent que le système actuellement en vigueur et qui n'ont entendu parler que très-

peu ou point du tout de cette réforme. Leur nombre fa
légion dans le monde médical ;

2° Tous les propriétaires d'établissements particuliers,
qui se croient d'avance ruinés par une législation nouvelle, établie dans le sens du § II. Mais, à côté de ces adversaires pour motifs individuels, il y a des oppositions
purement objectives, telles que :

3° La routine ;

4° L'indolence ;

5° L'indifférence du public en général pour le sort actuel des aliénés ;

6° L'esprit du temps qui est porté vers des réformes
tout autres que celle-ci, et qui considère la question des
aliénés comme définitivement résolue ;

7° L'ignorance dans laquelle on se trouve quant à l'état
pitoyable du régime actuel pour les aliénés, régime dont
les véritables circonstances ne sont connues ni aux gouvernements ni à la partie éclairée du public.

Or, la tactique employée contre la réforme par ses adversaires est celle-ci :

1° Ils évitent avec le plus grand soin tous débats sur
les principes de la réforme ; ils repoussent même toute
discussion en général, comme cela est arrivé dernière-
ment (en 1862) en Angleterre. Au lieu de discuter, ils at-
taquent les seuls exemples *incomplets* qui existent jusqu'à présent, savoir : Gheel et Fitz-James ;

2° Ces exemples, qui ont sans doute leurs côtés faibles,
on les déprécie d'une manière inouïe, on exagère jusqu'au centuple tous les faits qui leur sont contraires, et
on nie ou on place dans une lumière fausse tout ce qui
est à leur avantage, etc. Par là on veut :

3° Prouver l'impossibilité d'essayer, voir même de discuter la réforme, en prenant pour base de tels exemples,
puisque cette réforme n'est, selon eux, qu'une utopie, et

4° L'état actuel des établissements pour les aliénés

représenterait toujours, selon eux, la véritable réforme, et le *seul progrès possible ;*

5° On nie effrontément tous les faits qui prouvent contre les systèmes actuels, de même que tous ceux qui militent en faveur de la réforme projetée ;

6° Finalement, la dispute dégénère, comme ordinairement, dans ces sortes de différends, en personnalités, car, comme ces adversaires nient la nécessité de la réforme et contestent la possibilité de la mettre en pratique, se croyant d'ailleurs en *plein progrès,* ils ont naturellement recours au moyen désespéré des personnalités.

§ XIX.

Quelle est, dans le monde médical, la situation actuelle de cette question sur les aliénés?

Elle semble peu encourageante pour les défenseurs de la réforme, attendu que :

1° Les psychologistes anglais ont décliné récemment (en 1862) la discussion de la question pour les motifs énoncés au § précédent ;

2° Les médecins aliénistes français ont (en 1861), à la suite du rapport, extrêmement superficiel, *d'un seul* médecin, déclaré le système de Gheel totalement impraticable en France, grâce au principe qui lui sert de base;

3° Les esyèlsiatres d'Allemagne ont trouvé bon (en 1861) de clore les actes sur la colonisation.

Nonobstant cela, on voit journellement, dans toute l'Europe, ainsi qu'en Amérique :

1° Se produire de nouveaux projets en faveur de la colonisation ;

2° Colporter de tous côtés la réforme du système actuel :

3° Faire des essais pratiques en petit de la réforme projetée ;

4° Visiter beaucoup plus fréquemment qu'auparavant

les colonies de Gheel et de Fitz-James, et en écrire, parler et discuter à tel point qu'aujourd'hui ;

5° Cette question se trouve, comme objet principal, à l'ordre du jour dans les discussions sur les établissements des aliénés.

§ XX.

A-t-on présenté des projets de cette nature aux gouvernements européens ?

Non, malheureusement ; car il est certain que, sauf la dure nécessité, une pareille réforme ne saurait être élevée à la dignité d'une loi générale, et sa réussite assurée autrement que par l'ordre catégorique d'un prince ou d'un ministre éclairé, ou par l'initiative d'une commune sympathique à la réforme et qui aurait le sens pratique pour la mettre à exécution.

§ XXI.

Mais pourquoi des particuliers ne viennent-ils pas fonder des colonies d'aliénés, spécialement en Belgique où existe l'établissement de Gheel, et en France, où se trouve celui Fitz-James dans un état prospère ?

Les particuliers n'en font rien, parce que le système est encore peu compris ; s'il en était autrement, l'exemple de Fitz-James devrait, à coup sûr, aiguillonner les gens intéressés.

En général, on ne fait pas des colonies par les motifs énoncés aux §§ XVIII et XX. On n'en fait pas en Belgique parce que, dans ce pays, certains partis sont hostiles même à la colonie de Gheel ; ils vont jusqu'à nier la possibilité d'établir une seconde colonie pareille, et cela par ignorance, par indolence et par égoïsme.

Quant à la population belge, on veut que Gheel soi

toujours pour elle un objet de dérision et de fades plai-
santeries. Et quant à la maison de Fitz-James, *où le système de famille n'est pas pratiqué*, on dit souvent, mais
à grand tort, qu'elle est faite purement pour exploiter les
aliénés.

§ XXII.

*A-t-on proposé des moyens termes pour combiner en
partie le système actuel avec la réforme, et avec quel
succès?*

De nombreuses propositions ont été mises en avant,
mais sans succès ; la réforme n'admet pas des *demi me-
sures* ; car, autrement, elle ne serait plus une réforme
utile, mais plutôt un composé mitoyen et pitoyable.

On a, par exemple, proposé :

1° En Allemagne, des établissements à combinaison
mutuelle pour la thérapie et l'entretien des aliénés ;

2° En France, des fermes-asiles, c'est-à-dire des établissements avec exploitations rurales ;

3° En Angleterre, de petits établissements détachés
qu'on y appelle le *Block-System*.

Mais, dans tous ces projets, on refuse d'adopter les
propositions de la réforme radicale, et d'élever par conséquent en règle :

1° L'abolition de la séquestration, sans distinction, des
aliénés ;

2° L'exclusion de tous les moyens de force ;

3° La liberté individuelle, le droit de libre mouvement
du malade, sauf seulement les restrictions indiquées par
les §§ I et II.

4° Le principe d'économie nationale, qui consiste à em-
ployer, au profit des communes et aux frais d'entretien
des aliénés, le fruit du travail de ces derniers, au lieu
d'en enrichir les individus ;

5° L'entretien des aliénés dans les familles et leur contact permanent avec des personnes saines d'esprit.

Tous les demi-projets dont il était question plus haut ne sauraient, par conséquent, faire atteindre le but que se propose la réforme, savoir :

I. De guérir promptement et d'une manière douce le malade guérissable ;

II. De préparer une existence aussi agréable et commode qu'il serait possible, dans les circonstances, au malade incurable ;

III. De relever l'État ou la commune de toutes charges pécuniaires, applicables à l'entretien des aliénés, et d'entretenir les malades indigents par leur travail personnel.

§ XXIII

A-t-on souvent visité Gheel et Fitz-James, et quels sont les meilleurs moyens de se renseigner, en détail, sur toute cette question ?

D'après les données officielles, Gheel a été visité jusqu'à présent par soixante-dix et quelques médecins aliénistes, et par quelques philanthropes, et, dans l'espace du même nombre d'années, Fitz-James, par environ trente personnes de cette classe, et seulement dans ces derniers temps.

On a, jusqu'ici, peu publié sur Gheel : et seulement d'une manière rhapsodique, dans des pamphlets ou journaux de médecine. Les rapports officiels du docteur Bulckens, médecin en chef de Gheel, sont une source précieuse et recommandable.

Sur la colonie de Fitz-James, le docteur G. Labitte a publié une brochure (Paris, chez Baillière, 1861). Sauf cette brochure, on n'a presque rien publié sur cette colonie.

Quant à la question générale, on voit journellement paraître des écrits, que les hommes spéciaux trouveront consignés dans les journaux traitant de cette matière.

Un des défenseurs les plus zélés, le docteur J. Mundy, a recueilli jusqu'à présent plus de douze volumes de littérature ayant rapport à cette question.

Le même médecin a plusieurs fois visité Gheel et Fitz-James ; il a fait à Gheel un séjour de plusieurs mois pour étudier spécialement cette question.

Ayant visité les maisons d'aliénés d'une grande partie d'Europe, le docteur Mundy s'occupe actuellement de la rédaction d'un ouvrage systématique sur la réforme, dans lequel le nouveau système sera amplement traité au point de vue théorique et pratique.

Quant aux personnes qui ne sont ni médecins ni spécialistes, elles trouveront les meilleurs renseignements sur la colonisation dans l'ouvrage du célèbre économiste français, M. Jules Duval, ayant pour titre : *Gheel, ou une colonie d'aliénés, etc.* Paris, 1860, chez Guillaumin. Cet ouvrage contient aussi l'indication d'une grande partie des ouvrages qui ont été publiés sur cette question.

§ XXIV.

Quels sont les noms des défenseurs de la réforme et quels sont ses adversaires les plus connus?

Les défenseurs zélés de la réforme dans son *véritable* esprit, sont dans l'ordre alphabétique :

1o Le Dr Bulckens, médecin en chef à Gheel (Belgique);

2o Le Dr Droste, conseiller d'hygiène, à Osnabrück (Hanovre) ;

3o M. Jules Duval, rédacteur des journaux les *Débats* et l'*Economiste*, à Paris ;

4o Le Dr Moreau (de Tours), l'un des médecins en chef de la maison d'aliénés la Salpêtrière, à Paris ;

5o Le Dr J. Mundy, de Moravie ;

6o Le professeur Dr J. Parigot, ci-devant médecin en chef à Gheel, actuellement à New-York.

Les médecins suivants professent aussi des opinions favorables à la réforme, bien que différant de vues :

1º Le Dr Arthaud, à Lyon ;

2º Le Dr Auzouy, à Pau ;

3º Le Dr Belloc, à Alençon ;

4º Le Dr Ser. Biffi, à Milan ;

5º Le Dr Billod, à Saint-Gemmes ;

6º Le Dr Bonnefous, à Leyme ;

7º Le Dr Brierre de Boismont, à Paris ;

8º Le Dr W. Browne, à Edimbourg ;

9º Le Dr Brun-Séchaud, à Limoges;

10º Le Dr Bucknill, à Londres ;

11º Le Dr Cornaz, à Neufchâtel ;

12º Sir James Coxe, Dr M., à Edimbourg ;

13º Jules Falret, à Paris ;

14º Le Dr Damerow, à Halle-sur-Saale ;

15º Le Dr Fusier, à Bassens;

16º Le Dr F. Joël, à Lausanne ;

17º Le Dr Griesinger, à Zurich ;

18º Le Dr Gustave Labitte, à Fitz-James;

19º Le Dr Lauder-Lindsay, à Perth;

20º Le Dr Merier, à Fain ;

21º Le Dr Ludwig Meyer, à Hambourg ;

22º Le Dr Maudsley, à Londres ;

23º Le Dr A. Mitchell, à Edimbourg ;

24º Le Dr Morel, à Rouen ;

25º Le Dr Pain, à Fitz-James ;

26º Le Dr Robertson, à Hayward's-Heath;

27º Le Dr Roller, à Illeneau ;

28º Le Dr Sibbald, à Edimbourg ;

29º Le Dr Schlager, à Vienne;

30º Le Dr L. Turck, à Plombières;

31º Le Dr Toller, en Angleterre ;

32º Le Dr Webster, à Londres.

Se sont particulièrement distingués par leur opposition :

1º Le Dr Dumesnil, à Rouen;

2° Le Dr Flemming, à Schwerin ;

3° Le Dr Théobald Güntz, médecin en chef d'une maison d'aliénés particulière, à Thonberg, près Leipsick ;

4° Le Dr Willers Jessen, à Kiel (Holstein), aide-médecin d'une maison particulière d'aliénés ;

5° Le Dr Parchappe, à Paris ;

6° Le Dr Renaudin, à Marseille.

§ XXV.

Le sujet de la réforme est-il épuisé dans le présent opuscule de manière à pouvoir répondre à toute controverse ?

Décidément non ! Est-ce qu'on pourrait épuiser en quelques pages un sujet de cette portée ? Ceci n'est qu'un précis jeté à grands traits et rapidement sur le papier, qui pourra peut-être engager le lecteur à se livrer à de plus amples recherches sur la matière, et qui, s'il obtient bon accueil, pourra également engager l'auteur à s'occuper de la publication d'un nouvel ouvrage, savoir : du Grand Catéchisme sur le système de traitement en famille, ou la Colonisation des Aliénés.

Quant à ces pages, si nous les avons publiées, c'est grâce aux sollicitations de nos amis et aux provocations de nos adversaires qui voulaient connaître cette question de réforme « *in nuce.* »

C'est pourquoi nous avons simultanément publié de ce petit catéchisme des éditions allemande, française, anglaise et italienne.

CONCLUSION.

Si peu que l'on puisse espérer dans un avenir prochain quant à la réalisation d'une pareille réforme, même partielle, quels que soient les obstacles que lui opposent les intérêts privés, la force de l'habitude, l'ignorance, l'indolence, etc., et bien que l'esprit du temps lui-même n'agisse pas favorablement dans ce sens, il est à espérer que l'inévitable nécessité amènera impérieusement cette réforme, sinon dans le courant de ce siècle, bien certainement dans le siècle prochain.

En attendant, l'auteur de ces feuilles fugitives se contente de trouver une douce consolation dans ces paroles d'un célèbre Romain :

« Arbores serit diligens agricola, quarum fructus nunquam aspiciet. »

Paris. — Imp. Ch. Schiller, rue du Faub.-Montmartre, 10.